Os Astros e Você...

Sagitário

Editora EKO

Rua das Missões, 696
89051-000 - Blumenau - SC

Editoração Eletrônica
Big Print Comunicação Visual

Compilação e Texto
Selma Rutzen / Dinaê S. Gelhardt

Revisão
Helena Cristina Lübke

IMPRESSO NA CHINA

Dados Internacionais de Catalogação na Publicação (CIP)
(Câmara Brasileira do Livro, SP, Brasil)

Sagitário / [compilação e texto Selma Rutzen e Dinaê S. Gelhardt] .
-- Blumenau, SC : Editora Eko, 2009. -- (Os Astros e Você)

ISBN 978-85-7324-624-7

1. Astrologia 2. Horóscopos I. Rutzen, Selma. II. Gelhardt, Dinaê S. III. Série.

08-12034 CDD-133.54

Índices para catálogo sistemático:

1. Horóscopos : Astrologia 133.54

ÍNDICE

Nono signo do zodíaco, o Sagitário é o mais potente símbolo do fogo.

Os sagitarianos são abertos para o mundo, extrovertidos. Estão sempre buscando aprender coisas novas e se interessam por tudo.
Suas atitudes são firmes e o jogo dos sagitarianos sempre é limpo.
A maneira com que interagem com o mundo, de forma aberta, despreocupada, mas, mesmo assim, sempre ao encontro de tudo e todos, faz com que sejam muito bem quistos por quem convive com eles.

A generosidade do sagitariano pode fazer com que as pessoas desconfiem das suas intenções e sua maneira de gastar pode ser interpretada como leviandade.
Extrovertido como é, o sagitariano pode apresentar hábitos de fanfarrão.
Sua ansiedade por liberdade e espaço pode passar dos limites.

Sagitário

(22 de novembro a 21 de dezembro)

Simbologia

Regente planetário

Júpiter é o comandante do signo de Sagitário.

Por influência desse planeta é que os sagitarianos têm assento muito sólido na sociedade, além de serem dotados de incontáveis interesses intelectuais.

O sagitariano valoriza liberdade pessoal e autoafirmação.

Símbolo do signo

Na era do computador, o símbolo de Sagitário, centauro, metade homem, metade cavalo, é representado pela figura:

♐

Elemento regente

Fogo – criador das pessoas de ação.

Os nascidos sob o símbolo do fogo, os sagitarianos, são independentes. Encaram tudo cheios de energia. Lamentavelmente também insistem em que sua vontade prevaleça.

Sagitário no firmamento

É nas noites quentes do verão que Sagitário pode ser avistado no céu. A constelação é própria do Sul do planeta Terra e, por isso, só pode ser visto parcialmente ao Norte. Sua estrela mais brilhante recebeu a denominação de Kaus Australis. Sagitário encontra-se a 125 anos-luz da Terra (1 anos-luz corresponde a aproximadamente 9,46 bilhões de quilômetros) e seu brilho é 250 vezes mais potente que o Sol.

A constelação de Sagitário na mitologia

Segundo a mitologia grega, os centauros habitavam regiões montanhosas, solitárias e selvagens. A parte superior do corpo do centauro era humana, ligada à outra metade com estrutura de cavalo. O centauro mais popular chamava-se Chiron e os deuses amavam o sábio poeta por suas composições de melodias sobre o surgimento da Terra. Essa mesma sabedoria fez com que Chiron fosse o educador de muitos heróis e deuses, como Hércules e Aquiles, por exemplo.

Chiron era mestre com o arco e a flecha, cuja descoberta, inclusive, lhe é atribuída.

O primeiro sagitariano era tido como imortal, mas, mesmo assim, um dia foi ferido por uma flecha envenenada. Atormentado por dores violentas, Chiron pediu a Zeus que o deixasse morrer. Zeus, no entanto, colocou o Sagitário nas alturas onde deveria permanecer por toda a eternidade.

CARACTERÍSTICAS

Preferências e conhecimentos acerca desta constelação

AMOR: Arrojado

QUALIDADE: Mutável (flexibilidade)

QUALIDADE ESSENCIAL AO EQUILÍBRIO: atenção aos detalhes, senso administrativo e organização

MAIORES VIRTUDES: generosidade, honestidade, mente aberta e poder de visão

NECESSIDADE MAIS PROFUNDA: expansão mental

CARACTERÍSTICAS A EVITAR: excesso de otimismo, exagero e muita generosidade com o dinheiro alheio

SIGNOS DE MAIOR COMPATIBILIDADE:
Áries e Leão

SIGNOS DE MAIOR INCOMPATIBILIDADE:
Gêmeos, Virgem e Peixes

DIA FAVORÁVEL: Quinta-feira.

O número de Sagitário na Numerologia
Três! Três é dinâmico, atraente, extrovertido, cheio de espiritualidade e charmoso. Mas também pode ser arrogante e exibido.

Cores: Vermelho escarlate, violeta e azul escuro.

Animais: Cervo, veado, coelhos – enfim tudo que é possível perseguir.

Comidas: O sagitariano adora refeições abundantes como entrada, prato principal, sobremesas e substanciosas comidas caseiras. Ele se serve sem etiqueta.

Flores: Narcisos e cravos.

Árvores: Bétulas e cinamomos.

Cidade: Sidnei.

Países: Todos os países de clima quente.

PERSONALIDADE

Particularidades positivas

Os nativos de Sagitário têm ambos os pés firmes sobre o chão. Graças à energia que carregam dentro de si, são bem-sucedidos em muitas categorias esportivas.

Seus modos francos e despreocupados os faz ser queridos por todos.

Particularidades negativas

A maneira folgada como gasta seu dinheiro pode impor o conceito de leviano ao sagitariano. Além disso, e lamentavelmente, o amável sagitariano também pode expor-se tanto que pode ser chamado de exibicionista.

O objetivo de vida de Sagitário

"Preciso de espaço e liberdade para descobrir os segredos da vida!"

Afetividade

Sagitário e o amor

Ela: ela nasceu para o amor e muitos Romeus esfomeados por amor ali o encontrarão num piscar de olhos. Mas, por favor!, nada de cair com a porta para dentro de casa. Ela odeia conversas bobas e se julga merecedora de algo mais do que uma noite de amor apenas. Igualmente, em endereço errado, estará aquele Romeu que for descarregar suas mágoas no colo dela.

A sagitariana é uma mulher que gosta de dar boas gargalhadas e encontrar prazer com a vida. Um pedido de casamento feito de joelhos e com um ramalhete de rosas debaixo do braço, ela não levaria a sério. Na pior das hipóteses, terá um acesso de risos e o Romeu, um semblante vermelho. A maneira mais fácil de atraí-la é envolvê-la num bate-papo descontraído ou passear com ela numa noite quente e enluarada. É possível que nessas circunstâncias suas barreiras sejam vencidas e ela esteja disposta a uma esquentada brincadeira de amor.

Para ela, nada é mais divertido e emocionante do que namorar junto da natureza.

À parte disso, a sagitariana é bem egoísta na intimidade. Ela dispensa as preliminares, contanto que ele chegue às vias de fato o quanto antes, para que, depois do ponto alto, ela possa se aninhar nos braços do seu Romeu. Beijos e carícias "depois", para ela são partes integrantes dos momentos de prazer, assim como as estrelas o são para o céu.

Acrobacias e posições vulgares com relação ao sexo, ela abomina completamente.

Ele: decididamente o homem de Sagitário não é nenhum símbolo sexual como Richard Gere ou Sean Connery. Além disso, de saída ele liga amor e sexo a casamento, igreja, filhos. E essas últimas três palavras arrepiam o sagitariano. Deixar que lhe coloquem algemas (leia-se alianças de casamento) – não! Sem chance para acontecer rapidamente. Ele precisa estar com vários ferros em brasa. Afinal, seu coração é tão grande e há tantas criaturas femininas maravilhosas neste mundo!

Entretanto, se alguma Eva conseguir conquistar o coração dele, este Rambo sagitariano ainda se tornará um romântico.

Ele não é um amante tempestuoso que vive de acordo com: "chegou, olhou e venceu". Ele prefere preliminares bem exploradas com muitas carícias e idas e vindas, para, vagarosamente, chegar ao ponto alto do prazer.

Alguma Eva ficará surpresa ao final de uma noite de amor com a potência desse amante.

ZONAS ERÓGENAS

As coxas são as zonas de maior erotismo dos nascidos sob Sagitário. Se o parceiro movimentar suas mãos nessa região e aproximar-se mais dos órgãos sexuais, o sagitariano vai à loucura. Além disso, a mulher de Sagitário adora ser acariciada longamente na cintura.

PROBLEMAS NA RELAÇÃO?

Os nativos de Sagitário acabam a relação por si só, quando percebem que ela está ruindo em todos os cantos, quando percebem que as unidades estão escasseando cada vez mais. Como é que a gente se livra de um Sagitário? Simplesmente dizendo-lhe que estamos a fim de terminar. O sagitariano não faz muito drama.

É que ele é da opinião de que, em cada esquina, há alguém esperando por ele.

O relacionamento de Sagitário com os demais signos

O HOMEM DE SAGITÁRIO E A MULHER DE ÁRIES

Um belo casal, dirão todos, já que se completam maravilhosamente.

Ambos amam a natureza, têm muitos amigos e gostam de passatempos ativos. Também na cama, estes dois conseguem fazer um programa bem legal. Alguma noite será de incêndios e de apagar fogo. Se ela conseguir levá-lo ao altar, nada mais haverá que impeça um casamento longo e feliz. Pois, como chefe de família, o sagitariano é um amável e dedicado marido e pai.

A mulher de Sagitário e o homem de Áries

Uma parceria de muitas emoções, pois a hábil sagitariana terá o cuidado de não escolher nenhum ariano manco. Aqui também vale: se a sagitariana conseguir transformar uma aventura amorosa numa relação estável, ambos chegarão juntos e em harmonia à velhice. E, após muitos anos de união, ainda vão encontrar prazer na intimidade.

O homem de Sagitário e a mulher de Touro

Como foi possível que estes dois se encontrassem? Ela, com essa faísca atrasada, nem percebe que homem fantástico encontra-se à sua frente. E antes que ela perceba, lá se foi ele. Por quê? Porque ele não gosta de saber-se no papel de serviçal à disposição para mimar a pequena dama de Touro o tempo todo e por todos os lados.

Ela quer dominá-lo, o que ele não admite de jeito nenhum.

Portanto: tchau, querida!

A mulher de Sagitário e o homem de Touro

Sorte a sua, adorável Touro, que uma tão dinâmica sagitariana tenha cruzado seu caminho. Ela assume o comando da relação e ele se deixa levar sem opor-se.

Em longo prazo, essa relação Sagitário-Touro até seria bem legal, mas, com o passar do tempo, o Touro começa a se irritar com o espírito aventureiro da sagitariana. Ele ama curtir o lar. Ela adora saracotear pelas festas onde também sempre pode ser encontrada. E lá se foi – quebrou-se o encanto entre os dois!

O homem de Sagitário e a mulher de Gêmeos

Ela não cai na armadilha dele "Me Tarzan – you Jane". Em cada pensamento dele, em cada expressão e em cada ação, ela procura alguma segunda intenção dele. Na verdade, os dois adoram se divertir; têm muito prazer em ficar juntos – mas acaba por aí!

Em longo prazo, nada de concreto.

A mulher de Sagitário e o homem de Gêmeos

Não há a menor dúvida: ela o quer para amante! Mas o desequilíbrio emocional dele a incomoda demais. Por algum tempo, ela até avalia o todo, se o sexo com ele realmente vale tudo isso. Ou seja, vale a pena viver continuamente com ele e aguentar os dodóis dele?

O homem de Sagitário e a mulher de Câncer

Neste caso o sagitariano pisoteia a frágil alma da canceriana. Mesmo que se deem muito bem na hora do "rala e rola", ambos fariam melhor se ficassem apenas na amizade, em vez de querer ser um casal de namorados. Ela quer ser conquistada, ele está mais para um número rápido. Como na opinião dele "em cada esquina já pode encontrar uma outra", também para ela, a Eva de Câncer, em algum momento vai cair a ficha, e o latente conselho das estrelas de que a amizade seria a melhor opção será seguido.

A mulher de Sagitário e o homem de Câncer

Curto e grosso: este relacionamento só teria chance se ambos já tivessem arredondado todas as extremidades cortantes da vida, ou seja, quando já tivessem amadurecido com os anos.

O homem de Sagitário e a mulher de Leão

Acertou! Ambos valorizam e curtem a companhia do outro. Amam aventuras, a liberdade e o amor. Na cama se presenteiam mutuamente com satisfação.

Uma relação fantástica que pode resultar em casamento.

A mulher de Sagitário e o homem de Leão

Neste caso os dois também se complementam pela aventura e pelo prazer com a vida. Ela o auxilia a escalar a escada da carreira profissional. Ele a protege como um pai. Na intimidade os dois igualmente são um só corpo e alma. Um realiza os desejos do outro.

O homem de Sagitário e a mulher de Virgem

Nas questões do sexo, eventualmente pode ocorrer um relâmpago. Mas o que farão os dois com as demais 23 horas e 55 minutos do dia? Brigam e se entediam. A mulher de Virgem prefere o conforto da sua casa e um bom livro para ler. O sagitariano quer uma pista para extravasar. Com o passar do tempo, ele começa a achar que ela é parada demais. Ela o vê como um tronco bruto.

Melhor seria abrir mão dessa relação.

A mulher de Sagitário e o homem de Virgem

Também neste caso o fogo é baixo. Na verdade ele gosta do jeito de viver dela e de sua paixão violenta, mas, para o longo prazo, acha-a selvagem demais.

Os sinais apontam para a separação.

O homem de Sagitário e a mulher de Libra

Um casal de cortar o fôlego! Ela, uma tentação só, da cabeça aos pés. Ele, um homem voltado para a vida. Curtem o sexo e têm muito prazer em ficar um na companhia do outro. Também têm muitos amigos e interesses comuns – mesmo fora das quatro paredes do lar. Brigas entre eles são estranhas e as estrelas encontram-se em posição favorável aos dois.

A mulher de Sagitário e o homem de Libra

Eles formam o casal ideal em todas as relações. A única ameaça é que, com o passar do tempo, os dois sejam atropelados pela correria do dia a dia e a relação venha a sofrer uma pancada. Mas a valente sagitariana, por princípio, nem permite que as coisas cheguem a esse ponto.

O homem de Sagitário e a mulher de Escorpião

Ele consegue guardar muito rancor, o que tem a ver com seu jeito sentimental demais. No amor e no sexo, as coisas vão muito bem por algumas semanas. E depois, o que virá? Normalmente vem a luta pelo poder de domínio na relação.

Ela tenta de todos os modos colocar algemas nele. Só que isso não funciona, pois a necessidade de liberdade que ele sente força todas as correntes.

A mulher de Sagitário e o homem de Escorpião

Basta um olhar profundo um nos olhos do outro e ambos já caem de cabeça numa aventura cheia de sensualidade. O que, de início, parecia um promissor jogo amoroso, pode resultar numa luta em que se usa todo tipo de armas – tão diferentes são esses dois.

Melhor largar mão dessa relação!

O homem de Sagitário e a mulher de Sagitário

Iiioooing! A flecha do cupido atingiu profundamente o coração dos dois evidentemente! O que num primeiro momento pareceu ser uma paixão sem limites, na realidade é uma luta de poderes. Cada um quer dominar ao outro, mantendo-o debaixo de suas asas. Uma mistura caótica de sentimentos, difícil de se entender. Portanto, não há garantias de uma relação duradoura.

A mulher de Sagitário e o homem de Sagitário

Os sentimentos destes dois e o modo de ver a vida amorosa deles são idênticos. Na verdade um caso entre eles deveria dar certo. Mas é que cada um cria excesso de dinamismo individual. E aí, já era.

O homem de Sagitário e a mulher de Capricórnio

Ele a acha bitolada. Ela vê nele alguém que não tem os pés no chão. Ela economiza, vira cada cédula duas vezes antes de gastá-la. O sagitariano, ao contrário, é um gastador. Será que esses dois têm, pelo menos, um ponto em comum?

Tem, sim – o prazer com o sexo. Mesmo assim, logo, logo os dois estarão se mudando novamente, mas cada um em direção diferente.

A mulher de Sagitário e o homem de Capricórnio

O que é que ela pode fazer com um azedume desses? Nada está bom para ele! Eternamente, ele se ocupa com ninharias. Ela fica enlouquecida com isso. Na cama, então! É um gelo só. Ela, por sua vez, também perde o pique com o tempo.

O homem de Sagitário e a mulher de Aquário

Se ele parasse de seguir todo rabo de saia, logo veria que mulher de classe é a dama de Aquário. Ambos adoram acampar na natureza e o sexo é uma redescoberta a cada oportunidade – tanto na cama, quanto na mata ou no gramado. Nenhum dos dois procura dominar; nenhum é ciumento. Uma relação perfeita, portanto.

A mulher de Sagitário e o homem de Aquário

Ela concede toda a liberdade de que ele necessita. Ela o apoia onde puder. Eles desconhecem o ciúme. Até viajar com estranhos ela pode, sem que ele faça uma cena. Uma relação perfeita que, na cama, também se realiza com os pormenores.

O homem de Sagitário e a mulher de Peixes

Ambos valorizam uma aventura curta e erótica, mas sem ter de ceder ou receber algo. Ela curte o amor dele. Ele adora a infinita feminilidade dela. Como nenhum dos dois faz exigências ao outro, dão-se muito bem.

Por um curto espaço de tempo.

A mulher de Sagitário e o homem de Peixes

Também com estes dois haverá horas de paixão intensa. E ponto final. Nada mais. O sexo será curtido intensamente, mas a despedida sem grandes pesares segue depois, para que cada um procure um parceiro novo.

O exterior de Sagitário

Há dois tipos de sagitarianos: o primeiro apresenta semelhança com o cavalo (sem malícia nenhuma). Seu rosto é estreito e comprido, a testa é alta e o nariz forte, apontado para frente. O outro tipo inclina-se mais para os lados. O nariz é grande e o queixo maciço. De passos leves, porém, ambos os tipos marcham decididos pela vida afora. A voz dos sagitarianos é clara e calorosa.

Ao apertar a mão de um sagitariano, logo se percebe seu jeito sincero e prestativo.

No tocante ao vestuário, as mulheres de Sagitário também se dividem em duas correntes: por um lado, a sagitariana independente, que não está nem aí para o que os outros possam pensar acerca da sua aparência. Seus trajes são esportivos. Casacos de couro, calças de todo tipo, cabelo curto e calçado resistente. É possível encontrar essa fera pilotando uma Harley Davidson por aí.

A outra corrente é de verdadeiras damas. Elas recusam cores berrantes. Suas roupas são do último grito da moda, aliadas a joias finas, noitadas de glamour e penteados exclusivos.

Um tipo de sagitariano adora abrigos velhos e calças amassadas. O outro parece ter descido naquele momento de um anúncio da Calvin Klein.

As férias de Sagitário

Os nascidos sob Sagitário se sentem em casa onde estiverem. Por essa razão também não precisam da floresta mais famosa para passar férias. Mas bem que gostam de lugares com lagos intermináveis, rodeados de muito verde. Ali, sentado numa canoa e remando sobre a água cristalina, o sagitariano deixa o pensamento voar. É por isso que, desde o começo do ano, ele sabe onde, quando e como vai passar suas férias. Graças aos rápidos meios de locomoção, também aproveita para visitar diversos lugares durante as férias.

Um dia aqui, outro dia lá! É disso que o sagitariano gosta.

Por outro lado, porém, o sagitariano também consegue ficar num ponto fixo, contanto que tenha várias opções de prática de esportes. Velejar, montar, surfar, esqui aquático – opções que o atraem muito. Tanto faz onde encontrar esse lugar de férias – na região do seu lar ou nas praias gregas.

Os hobbys de Sagitário

Como já vimos anteriormente, o sagitariano é muito ligado em esportes. Porém, encontrá-lo num ginásio fechado, suando com treinos cansativos, isso jamais vai ocorrer. Ele precisa do ar livre e da natureza para suas práticas esportivas. O golfe, por exemplo, é o ideal para ele. Ou polo se tiver dinheiro para isso.

O sagitariano também gosta de discutir com pessoas do mesmo nível intelectual sobre as grandes obras filosóficas. Os sagitarianos também possuem bastante talento para a fotografia, sobretudo para a filmagem com vídeo-câmera.

Carreira

A profissão de Sagitário

O destino esteve a favor dos sagitarianos ao colocar-lhes o dom das línguas no berço. A função de tradutor e intérprete seria o ideal para eles.

Mas em função do amplo senso de justiça que acompanha os nascidos sob Sagitário, eles também se dão muito bem em funções jurídicas.

Escritor, professor, religioso ou filósofo também são profissões ideais para os sagitarianos. Todas as ocupações que envolvam cuidados com animais também fazem o sagitariano sentir-se muito feliz.

Com o cargo de chefe, o sagitariano é muito eficiente além de valorizar seus colaboradores. Ele consegue, por exemplo, alegrar-se com uma campanha publicitária bem-sucedida, de modo a contagiar a todos sob sua influência.

Como empregado tem a habilidade de ajustar-se a todo tipo de ambiente. O sagitariano é prestativo com os colegas e visto por eles como pessoa de confiança.

Há muitos sagitarianos com cargos em comissões de representação.

Na maioria das vezes, o sagitariano é voltado a possuir

bens. Ele não gasta seu dinheiro com futilidades, prefere ter suas alegrias com o saldo bancário. Mas, de vez em quando, podem ocorrer cócegas nos dedos e o desejo por uma aventura toma conta. A passos largos, o Sagitário então ruma ao jogo! Nessa ocasião, tanto faz para ele apostar e ainda perder tudo!

Sagitarianos famosos

Woody Allen, Ludwig van Beethoven, Heinrich Böll, Willy Brandt, Horst Buchholz, Maria Callas, Camille Claudel, Sir Winston Churchill, Samy Davies, Walt Disney, Marion Gräfin Dönhoff, Gustave Eiffel, Uri Gellerm Gustav II, Adolf, Johannes Heesters, Heinrich Heine, Jimmi Hendrix, Curd Jürgens, Robert Koch, Jean Marais, Nero, Nostradamus, John Osborne, Edith Piaf, Rainer Maria Rilke, Gottfried Semper, Frank Sinatra, Steven Spielberg, Josef Stalin, Henry Toulouse-Lautrec, Tina Turner, Marie Tussaud, Mark Twain, Stefan Zweig, Deborah Secco, Mário Lago, Vera Fischer, Bruce Lee, Luiz Fernando Guimarães, Francisco Cuoco, Angélica, Gustavo Borges, Britney Spears, Luma de Oliveira, Daryl Hannah, Ozzy Osbourne, Morgan J. Freeman, Kim Basinger, Sinead O'Connor, Clarice Lispector, Cássia eller, Silvio Santos, Adriana Esteves, Érico Veríssmo, Brad Pitt, Katie Holmes.

A saúde de Sagitário

O nativo de Sagitário é um otimista de ponta a ponta. Não são os pequenos dodóis que o derrubam. Mas quando o bicho pega para valer, ele vai para a cama e segue o tratamento prescrito pelo médico. E repentinamente também se restabelece.

Na maioria das vezes, depois de tudo ainda consegue fazer piada da própria doença.

Problemas mais sérios podem ocorrer na região da bacia do Sagitário e com suas pernas. Pode acontecer de sofrer fraturas enquanto pratica seus esportes tão amados.

Ao lado das lesões sofridas com o esporte, o sagitariano pode ter complicações reumáticas e gota. Esta última o sagitariano até consegue controlar se balancear melhor sua alimentação, comendo menos carne e mais frutas e verduras.

As pedras da sorte de Sagitário

Safira: fidelidade, sabedoria e juízo são o que a safira proporciona ao sagitariano. Acrescenta ainda concentração, nervos firmes e inocência. Safira protege contra infidelidade e falsidade.

Lazulita: é a pedra da amizade, além de fortalecer a autoconfiança dos sagitarianos.

Sodalita: para os nativos de Sagitário com o dom da música, esta pedra presta auxílio para que eles possam desenvolver e aprofundar suas habilidades. Além disso, a sodalita estimula a fantasia.

Calcedônia: ela protege a quem a usa contra fraqueza, melancolia e insatisfação crônica. A calcedônia espalha alegrias, charme e espanta a tristeza. Proporciona força aos sagitarianos e dissolve eventuais temores frente a provações.

Topázio azul: segundo antigas lendas árabes, os deuses moram dentro desta pedra. Os Sagitários são resguardados por ela contra falsos amigos, mau-olhado e feitiçaria. Os sagitarianos indecisos ficam mais decididos ao usarem o topázio azul.

Espiritualidade

Sagitário é um signo profundamente religioso, na acepção original da palavra, ou seja: religar. Isto significa ligar-se às suas origens, às raízes da vida, ao significado de tudo o que rodeia. Está sempre buscando ampliar sua visão e sua consciência.

A tendência mística de Sagitário representa o seu desejo de salvação, de perfeição e de síntese das energias. A meta mais alta, o verdadeiro desafio do Centauro, é a luz, o segredo do grande universo, o infinito.

O nativo desse signo sente-se atraído por mundos ocultos que deseja descobrir. O mistério o atrai, a possibilidade de um milagre o mantém na expectativa, aguça sua sensibilidade.

Neste capítulo, com a finalidade de acompanhamento espiritual ou de ajuda, foram escolhidas as entidades denominadas anjos protetores ou de guarda. O anjo representa a energia e a pureza do conhecimento de Deus. Segundo pesquisas exotéricas, o anjo de guarda permanece junto da pessoa desde o dia de seu nascimento até o dia do desencarne (morte). Saiba mais sobre essas entidades especialmente relacionadas ao seu signo e à data de seu nascimento.

Categorias ou qualidades de anjos de guarda e Príncipes, correspondentes à proteção de determinados períodos do signo de Sagitário:

De 22 a 25 de novembro

Qualidade: Dominações

São os que possuem o governo geral do universo. É a categoria angelical que auxilia nas emergências ou conflitos que devem ser resolvidos imediatamente.

Príncipe: Tsadkiel (Uriel), dotado de grande poder.

De 26 de novembro a 3 de dezembro

Qualidade: Potências

Categoria angelical dos anjos guardiães dos animais. Protege a procriação e a perpetuação das diferentes espécies vivas do universo.

Príncipe: Camael (remove todos os obstáculos que impedem o cumprimento da vontade de Deus).

De 4 a 11 de dezembro

Qualidade: Virtudes

Categoria angelical que tem como atribuição orientar as pessoas a respeito da missão e cumprimento do karma. Com o poder sobre os fenômenos da natureza, mantém as leis que regem o universo. Promove prodígios e milagres de cura.

Príncipe: Raphael (auxilia os trabalhos de cura, pois traz um frasco dourado, balsâmico e uma flecha ou espada afiada, além de intermediar o casamento legítimo).

DE 12 A 19 DE DEZEMBRO

Qualidade: Principados

Categoria angelical responsável pelos reinos, estados e países, preservando também a fauna e a flora, o reino mineral, os cristais e as riquezas da terra.

Príncipe: Haniel (auxilia a resolver os problemas de amor, pois é o líder dos cupidos; invocado contra as forças do mal, era o mestre do rei David).

DE 20 A 21 DE DEZEMBRO

Qualidade: Arcanjos

Categoria angelical responsável pela transmissão de mensagens, assegurando os bons relacionamentos, a sabedoria e os estudos. São anjos ágeis e querem ver todos felizes nesta existência.

Príncipe: Mikael ou Miguel (Príncipe de Israel, considerado um superanjo, invocado para a coragem, forte defesa e proteção divina).

Identificação do anjo de guarda pessoal e atribuições, conforme a sua data de nascimento; horários e dias em que seu anjo estará mais próximo e o número do Salmo para orar, referente a ele:

22 DE NOVEMBRO

Anjo Reyel - 9h20min às 9h40min - 3 de fevereiro, 17 de abril, 29 de junho, 10 de setembro, 22 de novembro - Salmo 53.

Atribuições do anjo: Invocado contra os hereges e as pessoas que nos prejudicam consciente ou inconscientemente. Domina todos os sentimentos religiosos e a meditação.

23 DE NOVEMBRO

Anjo Omael - 9h40min às 10h - 4 de fevereiro, 18 de abril, 30 de junho, 11 de setembro, 23 de novembro - Salmo 70.

Atribuições do anjo: Ajuda pessoas desesperadas a terem mais paciência. Domina a proteção ao reino animal e influi na perpetuação das espécies e raças. Influencia os químicos, os médicos e os cirurgiões.

24 DE NOVEMBRO

Anjo Lecabel - 10h às 10h20min - 5 de fevereiro, 19 de abril, 1° de julho, 12 de setembro, 24 de novembro - Salmo 70.

Atribuições do anjo: Protege as pessoas que trabalham com a agricultura. Invocado para iluminar a resolução dos problemas mais difíceis.

25 DE NOVEMBRO

Anjo Vasariah - 10h20min às 10h40min - 6 de fevereiro, 20 de abril, 2 de julho, 13 de setembro, 25 de novembro - Salmo 32.

Atribuições do anjo: Invocado para proteger quem nos ataca judicialmente. Favorece a graça e a clemência para os grandes empresários. É o anjo da justiça; influencia os advogados, os juristas e os magistrados.

26 DE NOVEMBRO

Anjo Iehuiah - 10h40min às 11h - 21 de abril, 3 de julho, 14 de setembro, 26 de novembro, 7 de fevereiro - Salmo 33.

Atribuições do anjo: Ajuda a reconhecer as pessoas que prejudicam seus semelhantes através da traição e a destruir os projetos maldosos de pessoas invejosas. Protege os nobres e os coroados de luz.

27 DE NOVEMBRO

Anjo Lehahiah - 11h às 11h20min - 22 de abril, 4 de julho, 15 de setembro, 27 de novembro, 8 de fevereiro - Salmo 130.

Atribuições do anjo: Protege as pessoas coroadas pelo amor divino e mantém a harmonia, a paz e a inteligência.

28 DE NOVEMBRO

Anjo Chavakiah - 11h20min às 11h40min - 23 de abril, 5 de julho, 16 de setembro, 28 de novembro, 9 de fevereiro - Salmo 114 (versículo 1).

Atribuições do anjo: Invocado para o bem-estar geral, elimina as forças das pessoas que querem nos ofender e ajuda na reconciliação dos esposos. Domina os testamentos, os herdeiros e as partilhas de forma amigável. Mantém a paz e a harmonia entre as famílias.

29 DE NOVEMBRO

Anjo Menadel - 11h40min às 12h - 24 de abril, 6 de julho, 17 de setembro, 29 de novembro, 10 de fevereiro - Salmo 25.

Atribuições do anjo: Invocado para manter o emprego, preservar os bens materiais adquiridos e ajudar a encontrar os bens perdidos ou extraviados. Protege contra caluniadores e liberta as pessoas que se sentem deprimidas. Informa sobre pessoas distantes, de quem não recebemos notícias há tempo.

30 DE NOVEMBRO

Anjo Aniel - 12h às 12h20min - 25 de abril, 7 de julho, 18 de setembro, 30 de novembro, 11 de fevereiro - Salmo 79.

Atribuições do anjo: Ajuda a obter vitórias e ter uma vida digna. Favorece os estudos das ciências e das artes. Faz revelações sobre os segredos da natureza e inspira os filósofos durante suas meditações ou conferências informativas.

1º DE DEZEMBRO

Anjo Haamiah - 12h às 12h40min - 26 de abril, 8 de julho, 19 de setembro, 1º de dezembro, 12 de fevereiro - Salmo 90.

Atribuições do anjo: Ele corresponde ao Santo nome de Deus, Agla (Deus em Trindade com o Uno). Invoca-se este nome divino para descobrir todos os segredos e tesouros da Terra. Os cabalistas afirmam que este anjo protege contra os espíritos ignorantes e primitivos.

2 DE DEZEMBRO

Anjo Rehael - 12h40min às 13h - 27 de abril, 9 de julho, 20 de setembro, 2 de dezembro, 13 de fevereiro - Salmo 29.

Atribuições do anjo: Invocado para proteger contra as maldades e fazer com que as pessoas reconheçam seus atos e tenham a misericórdia de Deus. Ajuda a obter paz, boa saúde e longevidade. Influencia o amor paternal, filial e o respeito das crianças aos mais velhos.

3 DE DEZEMBRO

Anjo Ieiazel - 13h às 13h20min - 28 de abril, 10 de julho, 21 de setembro, 3 de dezembro, 14 de fevereiro - Salmo 87.

Atribuições do anjo: Protege as pessoas que exercem atividades ligadas à imprensa e à literatura. Liberta da depressão e do pânico.

4 DE DEZEMBRO

Anjo Hahahael - 13h20min às 13h40mim - 29 de abril, 11 de julho, 22 de setembro, 4 de dezembro, 15 de fevereiro - Salmo 119.

Atribuições do anjo: Invocado contra os inimigos da religião e caluniadores. Protege a palavra verdadeira de

Jesus, os seus missionários e as pessoas que propagam o evangelho às nações. Influencia as pessoas ligadas ao sacerdócio a conquistarem a paz.

5 DE DEZEMBRO

Anjo Mikael - 13h40min às 14h - 30 de abril, 12 de julho, 23 de setembro, 5 de dezembro, 16 de fevereiro - Salmo 120.

Atribuições do anjo: Ajuda a viajar em segurança. Influencia os empresários, a alta sociedade e revela as conspirações e desordens da vida política ou social.

6 DE DEZEMBRO

Anjo Veuliah - 14h às 14h20min - 1º de maio, 13 de julho, 24 de setembro, 6 de dezembro, 17 de fevereiro - Salmo 87.

Atribuições do anjo: Destrói as forças dos inimigos, liberta os escravos, as pessoas deprimidas ou com vícios. Impulsiona a prosperidade das empresas e fortifica os que ocupam posição de destaque.

7 DE DEZEMBRO

Anjo Yelaiah - 14h20min às 14h40min - 2 de maio, 14 de julho, 25 de setembro, 7 de dezembro, 18 de fevereiro - Salmo 118.

Atribuições do anjo: Auxilia a vitória em processos e a proteção dos juízes. Protege contra os perigos de armas brancas, de fogo e dos assaltos.

8 DE DEZEMBRO

Anjo Sealiah - 14h40min às 15h 3 de maio, 15 de julho, 26 de setembro, 8 de dezembro, 19 de fevereiro - Salmo 93.

Atribuições do anjo: Ajuda a confundir as pessoas orgulhosas ou maldosas que oprimem os humildes; estimula a boa vontade e a esperança dos desanimados. Domina a vegetação e tudo o que tem vida e respira. Influencia os elementais que protegem a natureza.

9 DE DEZEMBRO

Anjo Ariel - 15h às 15h20min - 4 de maio, 16 de julho, 27 de setembro, 9 de dezembro, 20 de fevereiro - Salmo 144.

Atribuições do anjo: Auxilia a agradecer a Deus os bens que nos envia. Facilita a descoberta de tesouros ocultos. Revela, através de sonhos, os segredos da natureza e ajuda a encontrar objetos que desapareceram.

10 DE DEZEMBRO

Anjo Asaliah - 15h20min às 15h40min - 5 de maio, 17 de julho, 28 de setembro, 10 de dezembro, 21 de fevereiro - Salmo 104.

Atribuições do anjo: Ajuda a conhecer as leis de Deus e a elevar a consciência até Ele. Faz surgir a verdade nos processos e atingir metas construtivas. Facilita a compreensão dos atos divinos, materializados na natureza.

11 DE DEZEMBRO

Anjo Mihael - 15h40min às 16h - 6 de maio, 18 de julho, 29 de setembro, 11 de dezembro, 22 de fevereiro - Salmo 97.

Atribuições do anjo: Protege as pessoas que recorrem à luz, que têm premonições ou pressentimentos favoráveis. Ajuda a conservar a paz e a união entre os esposos. Concede inspiração para desvendar segredos e tudo o que precisa ser descoberto. Facilita a geração sadia das espécies, a amizade e a fidelidade conjugal.

12 DE DEZEMBRO

Anjo Vehuel - 16h às 16h20min - 7 de maio, 19 de julho, 30 de setembro, 12 de dezembro, 23 de fevereiro - Salmo 144.

Atribuições do anjo: Ajuda na elevação a Deus para todas as manifestações benéficas, colabora para a glorificação de todas as pessoas e para a admiração do reino celestial.

13 DE DEZEMBRO

Anjo Daniel - 16h 20min às 16h40min - 8 de maio, 20 de julho, 1° de outubro, 13 de dezembro, 24 de fevereiro - Salmo 102 ou 103.

Atribuições do anjo: Auxilia a obtenção da misericórdia de Deus e de consolo. Favorece a justiça, o clero e a magistratura. Ajuda contra a indecisão ou embaraço, quaisquer que sejam os motivos.

14 DE DEZEMBRO

Anjo Hahasiah - 16h40min às 17h - 9 de maio, 21 de julho, 2 de outubro, 14 de dezembro, 25 de fevereiro - Salmo 103.

Atribuições do anjo: Ajuda a elevar a alma a Deus, contemplar os atos divinos e descobrir todos os mistérios através da consciência e da inteligência.

15 DE DEZEMBRO

Anjo Imamaiah - 17h às 17h20min - 10 de maio, 22 de julho, 3 de outubro, 15 de dezembro, 26 de fevereiro - Salmo 7.

Atribuições do anjo: Ajuda a destruir a força dos inimigos, das pessoas que só pensam em humilhar os mais fracos e auxilia todos os que pedem socorro a Ele para a obtenção da liberdade. Protege as viagens em geral e todos os que estão desolados e solitários. Influencia tudo o que está baseado na bondade e nos ganhos monetários provenientes do trabalho honesto.

16 DE DEZEMBRO

Anjo Nanael - 17h20min às 17h40mim - 11 de maio, 23 de julho, 4 de outubro, 16 de dezembro, 27 de fevereiro - Salmo 118.

Atribuições do anjo: Protege as altas ciências, influencia os eclesiásticos, os professores, os magistrados e os homens que trabalham com leis.

17 DE DEZEMBRO

Anjo Nithael - 17h40min às 18h - 12 de maio, 24 de julho, 5 de outubro, 17 de dezembro, 28 e 29 de fevereiro - Salmo 102.

Atribuições do anjo: Ajuda a obter a misericórdia de Deus e a longevidade. Protege os chefes de estado, os presidentes, os monarcas, os príncipes e todas as pessoas que dedicam sua vida à religiosidade e à caridade. Favorece a continuação e a legitimação das famílias e a estabilidade das empresas. Auxilia as pessoas que necessitam do socorro dos poderosos e propicia uma existência correta e tranquila.

18 DE DEZEMBRO

Anjo Mebahiah - 18h às 18h20min - 13 de maio, 25 de julho, 6 de outubro, 18 de dezembro, 1° de março - Salmo 101.

Atribuições do anjo: Auxilia a conquista da vitória em qualquer tipo de atividade. Tem o poder da consolação e também ajuda a proteger as crianças.

19 DE DEZEMBRO

Anjo Poiel - 18h20min às 18h40min - 14 de maio, 26 de julho, 7 de outubro, 19 de dezembro, 2 de março - Salmo 144.

Atribuições do anjo: Ajuda a vencer demandas. Favorece a aquisição de prestígio, de fortuna e a propagação de grandes filosofias.

20 DE DEZEMBRO

Anjo Nemamiah - 18h40min às 19h - 15 de maio, 27 de julho, 8 de outubro, 20 de dezembro, 3 de março - Salmo 113.

Atribuições do anjo: Ajuda todos os que trabalham por uma causa justa a prosperarem. Auxilia a libertação de pessoas viciadas, encaminhando-as para uma vida mais saudável. Favorece aqueles que trabalham em cidades litorâneas e todos os que exercem funções ligadas ao lazer nessas localidades.

21 DE DEZEMBRO

Anjo Iealel - 19h às 19h20min - 16 de maio, 28 de julho, 9 de outubro, 21 de dezembro, 4 de março - Salmo 6.

Atribuições do anjo: Ajuda a eliminar a tristeza, a confundir os maldosos e as falsas testemunhas. Protege contra as maldades e os males dos olhos. Influencia os armeiros, serralheiros e todos os que trabalham, comercializam e negociam produtos de ferro.

Ascendentes

O ascendente é o signo que aparece no horizonte na hora do seu nascimento. Em alguns aspectos, é tão importante quanto o seu signo solar ou lunar, já que suas atitudes mais extremas frente à vida são muito influenciadas por ele. Para identificar o seu ascendente, basta procurar no quadro abaixo a coluna correspondente à sua data e hora de nascimento (caso tenha nascido num país em que estava vigente o horário de verão, deverá descontar uma hora).

Você é Sagitário e nasceu entre:

22/11-03/12	*04/12-13/12*	*14/12-21/12*	*ASCENDENTE:*
14:10-15:10	13:30-14:30	12:50-13:50	Áries
15:10-16:30	14:30-15:50	13:50-15:10	Touro
16:30-18:10	15:50-17:30	15:10-16:50	Gêmeos
18:10-20:40	17:30-20:00	16:50-19:20	Câncer
20:40-23:30	20:00-22:50	19:20-22:10	Leão
23:30-02:10	22:50-01:30	22:10-00:50	Virgem
02:10-04:50	01:30-04:10	00:50-03:30	Libra
04:50-07:40	04:10-07:00	03:30-06:20	Escorpião
07:40-10:00	07:00-09:20	06:20-08:40	Sagitário
10:00-11:50	09:20-11:00	08:40-10:30	Capricórnio
11:50-13:10	11:00-12:30	10:30-11:50	Aquário
13:10-14:10	12:30-13:30	11:50-12:50	Peixes

A seguir, pode-se verificar como cada ascendente influi em seu signo solar.

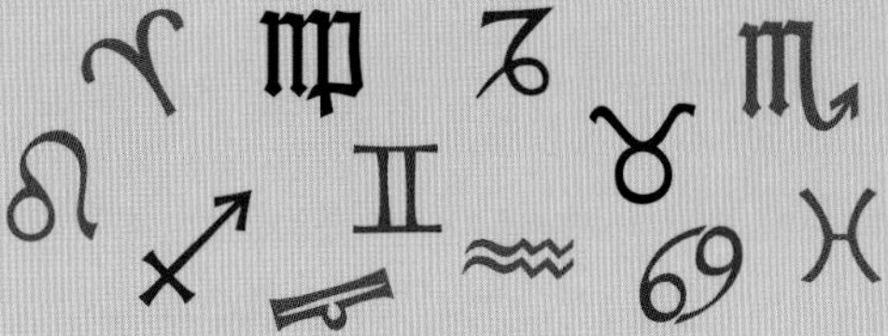

SAGITÁRIO-ÁRIES

Esta é uma combinação ardente e poderosa. O indivíduo é intuitivo, entusiasta, dominante, empreendedor, generoso, otimista e excessivamente confiado. Se quiser alcançar o êxito, necessita de moderação em todos os sentidos. Sente-se atraído pelo sublime e pelo heroísmo quixotesco. Nada o deterá, se quiser ajudar o próximo. Sua vida afetiva será cheia de múltiplos amores.

SAGITÁRIO-TOURO

O nativo alarga seus horizontes com mais segurança e responsabilidade, devido ao ascendente Touro. É otimista e realista. Modera seu espírito aventureiro ao compreender que estabilidade é algo benéfico. Com amor e sensualidade, ele facilmente encontra o equilíbrio sentimental. Chega a alternar o espírito aventureiro do

Centauro com os hábitos sedentários do Touro. A vida pode ser um caminho alegre, imprevisível e simples.

SAGITÁRIO-GÊMEOS

Com o signo oposto como ascendente, o nativo tende a ser mais inquieto do que os demais sagitarianos. Convém se organizar melhor e ter mais autodisciplina e concentração. Esta dupla natureza potencializa a fantasia e a criatividade de Sagitário e sente a vacilação da dualidade geminiana.

SAGITÁRIO-CÂNCER

É um tipo caseiro, disposto ao sacrifício e mais colaborador que os sagitarianos de um modo geral. Conserva o amor pelas viagens, sonha em cruzar os mares, descobrir terras longínquas, mas trabalha duro para ter uma casa confortável e cultiva os vínculos familiares. Júpiter, que se encontra em ambos os signos, dota a pessoa de ambição, comunicação e inquietude. O nativo é irritadiço, suscetível, às vezes com graves arrebatamentos de cólera. Necessita abraçar um ideal ou uma causa para sentir-se útil.

SAGITÁRIO-LEÃO

O nativo faz tudo em grande estilo. A determinação do ascendente o converte em uma autêntica estrela. Esta combinação de signos de fogo dedica-se, muitas vezes, a uma grande causa social ou religiosa. Convém não se deixar levar pelo esbanjamento e extravagância, ou perderá toda a sua força de vontade.

SAGITÁRIO-VIRGEM

Virgem aumenta a preocupação do Arqueiro diante da vida e acrescenta mais determinação para o trabalho duro e para a conquista dos objetivos. A necessidade de segurança se opõe ao desejo de aventura. O nativo é realista em relação a seus altos projetos e, por isso, tem maiores probabilidades de êxito. É, ao mesmo tempo, honesto, idealista e prático, conquistando a estima e a confiança de todos, mostrando suas notáveis qualidades de administrador. Combina a precisão e o método com a amplitude de visão. Terá êxito nos negócios e na política.

SAGITÁRIO-LIBRA

O nativo demonstra capacidade para ver os dois lados de uma situação e raciocinar com maior clareza antes de tirar conclusões. É mais popular e com mais tato que os outros sagitarianos. Eficiente, organizado e altruísta, pode se sacrificar por uma grande causa. Encontra apoio, aliados e protetores. A combinação favorece a ousadia, a segurança, a confiança em si mesmo, ainda mais que a diplomacia e o charme.

SAGITÁRIO-ESCORPIÃO

Escorpião acrescenta maior intensidade em seus propósitos e mais determinação para atingir o êxito, além de aumentar o atrativo sexual. Predomina, nesta combinação, a necessidade de independência. Surge a indisciplina, a aspiração e a luta entusiasta para conquistar a liberdade, tanto do corpo quanto do espírito. Suas paixões são, geralmente, dramáticas. O nativo vê a vida como uma passagem caótica, mas que o leva a um mundo tranquilo. Um alerta: não ser tão ciumento e possessivo com seus entes queridos.

SAGITÁRIO-SAGITÁRIO

Acentuam-se as características do signo. O nativo empreende um voo alto e desenfreado para atingir suas metas. Tende aos excessos, é hiperativo, sente dificuldade de frear seus impulsos. Seu entusiasmo para avançar não tem limites. Pode-se dizer que é a alma de quase todas as festas, mas não deve ser tão despreocupado, nem confiar demasiadamente na sorte. Acreditar em si mesmo não é difícil para ele, mas seria interessante se os outros também o fizessem.

SAGITÁRIO-CAPRICÓRNIO

Capricórnio acrescenta sabedoria e maturidade ao Arqueiro que, deste modo, obtém mais êxito. Os valores tradicionais são importantes e ele não está disposto a correr riscos ao levar a termo suas ambições. A combinação tenta disciplinar o fogo, dando-lhe um ritmo preciso. Capricórnio controla o Centauro, que se transforma numa espécie de cavaleiro do Rei Arthur. As tendências místicas se acentuam e Sagitário diminui os questionamentos internos, fortalecendo-se.

SAGITÁRIO-AQUÁRIO

O nativo ama a liberdade e é imprevisível. Aquário faz com que ele busque a verdade, tenha grandes ideais e decida-se a converter o mundo em um lugar melhor para todos, não somente para si mesmo. A combinação torna Sagitário mais cerebral, refinado, sutil, etéreo, escapando das armadilhas cotidianas e elevando-se cada vez mais, sem perder a ânsia de absoluto e de harmonia.

SAGITÁRIO-PEIXES

Peixes torna o nativo mais sensível, compassivo e intuitivo. Deve evitar ser excessivamente idealista e romântico, expondo grandiosos projetos e esquecendo a realidade. Sagitário, que sempre marcha adiante, penetra dentro de si mesmo para extrair novas energias. Sua personalidade é nebulosa, misteriosa, possui um fogo interior secreto.Tem sede de conhecimento e de atividade também no campo espiritual.